Obra: Prevención de Riesgos Laborales I
"Prevención en época de covid-19"
Autor: María Teresa García del Castillo Tercero
Coautor: Pedro Huete Luque
Coautor: Gema Avilés Cano
IBSN: 978-1-387-11718-5

INDICE

- Introducción
- Procedimiento de actuación para los servicios de prevención.
- Limpieza y recogida de residuos.
- La prevención en el campo sanitario.
- Las obligaciones en materia preventiva.
- La regulación preventiva de aplicación específica en el ámbito sanitario.
- La actuación en los supuestos de riesgo grave e inminente.
- El problema de la determinación de la competencia jurisdiccional para la exigencia de medidas de prevención en el ámbito sanitario.
- La ausencia de homogeneidad en la respuesta judicial.
- Principales riesgos en las instituciones sanitarias y sus medidas básicas de prevención.
- Medidas básicas de prevención en las instituciones sanitarias-
- Principales riesgos en el trabajo y en el entorno de trabajo para los profesionales sanitarios.

INTRODUCCIÓN

El Real Decreto 773/1997, de 30 de mayo, sobre disposiciones mínimas de seguridad y salud relativas a la utilización por los trabajadores de equipos de protección individual (en adelante EPI) transpone al ordenamiento jurídico español la Directiva europea 89/656/CEE, de 30 de noviembre de 1989. En la disposición final primera del Real Decreto 773/1997, se insta al Instituto Nacional de Seguridad e Higiene en el Trabajo a la elaboración y actualización de una guía técnica no vinculante para facilitar la aplicación del real decreto

La Ley 31/1995, de 8 de noviembre, de Prevención de Riesgos Laborales, determina el cuerpo básico de garantías y responsabilidades preciso para establecer un adecuado nivel de protección de la salud de los trabajadores frente a los riesgos derivados de las condiciones de trabajo, en el marco de una política coherente, coordinada y eficaz. Según el artículo 6 de la misma serán las normas reglamentarias las que irán fijando y concretando los aspectos más técnicos de las medidas preventivas.

Tras la aprobación del Real decreto 463/2020, de 14 de marzo, por el que se declaró el estado de alarma para la gestión de la situación de crisis sanitaria ocasionada por el COVID-19, hasta su finalización a las 0:00 horas del día 21 de junio de 2020, este documento facilitó el acceso a la información de prevención de riesgos laborales más relevante que el Ministerio de Sanidad ponía a disposición de los profesionales. Recopiló los principales documentos técnicos publicados por el INSST, órganos competentes de las comunidades autónomas, Mutuas Colaboradoras de la Seguridad Social, Agentes Sociales y por otros grupos de interés en el ámbito de la prevención de riesgos laborales que, entre otra información, contenían las medidas extraordinarias en materia de prevención de riesgos laborales a aplicar durante el estado de alarma.

La gestión actual de la prevención de los riesgos laborales, debe ajustarse a la situación excepcional causada por el COVID-19 ello, toma especial importancia la necesidad de ser rigurosos en la información que se pone a disposición de los profesionales que desarrollan su actividad en este ámbito.

En el actual proceso de desescalada del Plan para la Transición hacia una Nueva Normalidad, disponer de información de calidad es fundamental para que los profesionales continúen la actividad iniciada con suficientes garantías para su seguridad y salud.

Las actuaciones del Instituto Nacional de Seguridad y Salud en el Trabajo (INSST), como órgano científico-técnico del Ministerio de Trabajo y Economía Social, se desarrollan bajo la coordinación centralizada del Ministerio de Sanidad para lo cual la comunicación y colaboración entre ambos organismos es continua. Es por tanto el Ministerio de Sanidad, con el apoyo particular del INSST y del resto de la Administración General del Estado, el organismo encargado de proporcionar la información técnico-preventiva de referencia más relevante para poder hacer frente a los retos actuales causados por el COVID-19.

Este apartado contiene información para conseguir que, manteniendo como referencia la protección de la salud pública (con su repercusión en la salud laboral), se recupere paulatinamente la vida cotidiana y la actividad económica, minimizando el riesgo que representa la epidemia para la salud de la población y evitando que las capacidades del Sistema Nacional de Salud se puedan desbordar.

PROCEDIMIENTO DE ACTUACIÓN PARA LOS SERVICIOS DE PREVENCIÓN

El documento básico de gestión de la seguridad y salud en el trabajo frente al COVID-19 es el "**Procedimiento de actuación para los servicios de prevención de riesgos laborales frente a la exposición al nuevo coronavirus (SARS-COV-2)**" (Ministerio de Sanidad) en cuya elaboración ha participado, entre otros, el INSST. El documento se actualiza con frecuencia adaptándose a los nuevos conocimientos adquiridos o a los cambios surgidos en las condiciones de trabajo.

Para facilitar la comprensión de este procedimiento se ha elaborado el documento:

"Nota interpretativa de los escenarios de riesgo de exposición" (Ministerio de Sanidad). Basándose en este procedimiento, algunas comunidades autónomas han elaborado sus propios documentos, como es el caso de las "Recomendaciones de prevención en el trabajo frente al coronavirus" (ISSGA, Galicia) o el "Compendio de directrices" (IAPRL, Principado de Asturias).

En el marco de este procedimiento, se ha elaborado el documento "Pasos a seguir por el empresariado para reducir el riesgo de exposición al COVID19 en los centros de trabajo" (OSALAN, País Vasco) en el que se describen los pasos a seguir por el empresario, teniendo en cuenta la modalidad de organización preventiva adoptada, ante la reincorporación al trabajo, para reducir el riesgo de exposición de las personas trabajadoras al Covid19.

En el ámbito internacional, se ha publicado la **"Guía sobre la preparación de los Lugares de Trabajo para el virus COVID-19"** (OSHA, EE UU). ACTUACIÓN DE LAS EMPRESAS PARA LA INCORPORACION AL TRABAJO La reincorporación al centro de trabajo debe realizarse de manera que se reduzca el riesgo de exposición de las personas trabajadoras al COVID-19 en los Centros de Trabajo.

El Ministerio de Sanidad ha elaborado una **"Guía de buenas prácticas en centros de trabajo para prevenir los contagios del COVID-19"** en la que se incluyen las medidas más esenciales de higiene y distancia interpersonal para aplicar antes, durante y después de la asistencia al trabajo. Así mismo, ha elaborado el **"Plan para la Transición hacia una nueva normalidad"** y las guías:

"Guía para la Fase 1", "Guía para la Fase 2" y "Guía para la fase 3" donde se recogen las medidas para la flexibilización de determinadas restricciones de ámbito nacional establecidas tras la declaración del estado de alarma en aplicación de la Fase 1 y Fase 2 del Plan para la transición hacia una nueva normalidad.

En el ámbito de las comunidades autónomas:

"**Guía de actuación para el arranque de actividad de forma segura en los centros de trabajo**" del Departamento de Trabajo y Justicia del País Vasco, que recoge las medidas necesarias para que la actividad productiva pueda reiniciarse (o normalizarse, si está limitada a la mínima imprescindible) y la "**Guía para la elaboración del Plan de Contingencia. COVID-19**" elaborada por OSALAN

El Ministerio de Sanidad ha elaborado el "**Documento técnico**:

Medidas higiénicas para la prevención de contagios del COVID-19" que recoge las medidas higiénicas para la prevención de los contagios de COVID-19 en domicilios, zonas comunes vehículos y lugares de pública concurrencia, así como para la gestión de residuos, haciendo referencia al "Listado de virucidas autorizados en España para uso ambiental (PT2), industria alimentaria (PT4) e higiene humana (PT1)".

"Nota sobre el uso de productos biocidas para la desinfección del Covid-19", donde incluye unas observaciones a tener en cuenta sobre el uso seguro de estos productos.

"Procedimiento de limpieza viaria ante la pandemia del coronavirus COVID-19".

En relación con la limpieza y los sistemas de climatización y ventilación de los edificios y locales para la desinfección y prevención de la propagación del SARS-CoV-2.

"Nota sobre el uso de productos que utilizan radiaciones Ultravioleta-C para la desinfección del SARSCoV-2" y las "Recomendaciones de operación y mantenimiento de los sistemas de climatización y ventilación de edificios y locales para la prevención de la propagación del SARS-CoV-2".

"Recomendaciones sobre el uso de instalaciones de climatización en edificios, a fin de prevenir la propagación del coronavirus SARS-CoVD-2". Con base en los citados documentos, las comunidades autónomas han elaborado sus propias publicaciones como son, por ejemplo, las:

"Pautas de desinfección de superficies y espacios habitados por casos en investigación, cuarentena, probables o confirmados de COVID-19. Viviendas, residencias, espacios de pública concurrencia (centros comerciales, supermercados, etc.) y transportes de viajeros" (Consejería de Sanidad, Comunidad de Madrid) o el "Procedimiento de limpieza y desinfección de superficies y espacios para la prevención del coronavirus" (Área de Seguridad y Salud Laboral, Andalucía) que añaden información con medidas higiénicas personales básicas y medidas para la limpieza y desinfección de residencias de mayores y centros sociosanitarios.

El Anexo II del "Procedimiento de actuación para los servicios de prevención de riesgos laborales frente a la exposición al nuevo coronavirus (SARS-COV-2)" (Ministerio de Sanidad) describe los equipos de protección individual (EPI) que podrían ser necesarios en el caso del personal potencialmente expuesto en el manejo de las personas en investigación o confirmadas de infección por el coronavirus.

"Respira hondo" detalla los diferentes componentes de los equipos de protección respiratoria, incluyendo las medias máscaras o mascarillas. Esta información se complementa con las características que deben reunir los filtros que, en su caso, deberían utilizarse.

El INSST ha publicado las siguientes comparativas de especificaciones técnicas donde se recogen equipos "similares" de otros mercados internacionales: mascarillas autofiltrantes, guantes de protección y ropa de protección.

"Verificación de certificados/informes que acompañan a los EPI", con indicaciones para poder verificar la idoneidad de la documentación que acompaña a los equipos de protección individual (EPI) y avalar un nivel adecuado de protección de la salud y seguridad para los usuarios.

Artículo 7. Utilización y mantenimiento de los equipos de protección individual.

La utilización, el almacenamiento, el mantenimiento, la limpieza, la desinfección cuando proceda, y la reparación de los equipos de protección individual deberán efectuarse de acuerdo con las instrucciones del fabricante. Salvo en casos particulares excepcionales, los equipos de protección individual sólo podrán utilizarse para los usos previstos.

Las condiciones en que un equipo de protección deba ser utilizado, en particular en lo que se refiere al tiempo durante el cual haya de llevarse, se determinará en función de:

a) La gravedad del riesgo.

b) El tiempo o frecuencia de exposición al riesgo.

c) Las condiciones del puesto de trabajo.

d) Las prestaciones del propio equipo.

e) Los riesgos adicionales derivados de la propia utilización del equipo que no hayan podido evitarse.

LIMPIEZA Y RECOGIDA DE RESIDUOS

Servicios de limpieza, recogida, gestión y tratamiento de residuos El INSST.

"Instrucciones sobre gestión de residuos en la situación de crisis sanitaria ocasionada por el Covid-19" donde se recogen instrucciones sobre gestión de residuos domésticos y de residuos procedentes de hospitales, ambulancias, centros de salud, laboratorios, y establecimientos similares con el fin de garantizar la protección de la salud de los trabajadores frente a la exposición al SARS-CoV-2 durante actividades que implican la manipulación de residuos en contacto con el virus.

El apartado segundo de la Orden SND/271/2020, de 19 de marzo, por la que se establecen instrucciones sobre gestión de residuos en la situación de crisis sanitaria ocasionada por el COVID19 dictada por el Ministerio de Sanidad dispone las instrucciones sobre la gestión de los residuos procedentes de hospitales, ambulancias, centros de salud, laboratorios y establecimientos similares en contacto con COVID-19; así mismo, se determinan los EPI necesarios para la realización de dicha gestión de residuos. Por otra parte, en el anexo I de la citada orden se establecen recomendaciones destinadas al manejo domiciliario de los residuos en hogares con positivos o en cuarentena por COVID-19, así como al manejo domiciliario de los residuos en hogares sin positivos o cuarentena.

Hoy por hoy desgraciadamente, y guiados por los acontecimientos que estamos viviendo en nuestro país en las últimas fechas, hemos de afirmar que, en circunstancias ordinarias, trabajar en el medio sanitario implica enfrentarse a una serie de riesgos genéricos relacionados con múltiples actividades laborales, como pueden ser, por ejemplo.

- Nivel de ruido.
- Climatización y ventilación de los centros de trabajo.
- Estrés, el trabajo a turnos y nocturno.
- Ciertas deformaciones posturales.
- Posibles agresiones.

Además de estos riesgos generales y compartidos con otros muchos profesionales, existen otros riesgos específicos derivados de las particulares condiciones en que se presta el trabajo en el sector sanitario: entre otros, los agentes biológicos, las radiaciones o, en su caso, la utilización de determinadas sustancias químicas.

Prestar la actividad laboral en el medio sanitario supone, en general, estar expuesto a un conjunto potencial de riesgos que pueden variar extraordinariamente según los casos. En efecto, no es lo mismo trabajar en un hospital que en un pequeño ambulatorio o en un centro de Atención Primaria, si bien es cierto que pueden existir riesgos comunes a todos los supuestos. Como tampoco lo es, obviamente, prestar servicios en un gran hospital que en uno de reducido tamaño. Los riesgos serán de diferente índole en función de la profesión que se ostente y de la concreta actividad que preste cada trabajador.

El número de siniestros laborales en el sector de actividades sanitarias ha tenido en nuestro país, antes de la eclosión de las cifras como consecuencia del **coronavirus**, una preocupante tendencia creciente, cuya justificación, ha tratado de conectarse con el cambio laboral experimentado por los profesionales en los últimos años, con una importante reducción de plantillas y limitación del número de sustituciones, lo que ha incrementado la presión asistencial y facilita que los profesionales cometan errores que perjudiquen su propia salud.

El Ministerio de Sanidad y las Comunidades Autónomas acuerdan y mantienen en revisión permanente, en función de la evolución y nueva información de que se dispone de la infección por el nuevo coronavirus SARS-CoV-2, la Estrategia de detección precoz, vigilancia y control de COVID-19, cuyo principal objetivo sigue siendo el control de la transmisión de SARS-CoV-2, incorporando todas las condiciones actuales y los distintos escenarios en los que nos podemos encontrar.

La evolución de la crisis sanitaria obliga a adaptar y concretar de manera continua las medidas adoptadas para mantener la vida cotidiana y la actividad económica, garantizando la capacidad de respuesta de todos los sectores económicos y sociales. La intervención de las empresas, a través de los servicios de prevención (SPRL), frente a la exposición al SARS-COV-2 sigue siendo crucial, adaptando su actividad con recomendaciones y medidas actualizadas de prevención, con el objetivo general de evitar los contagios: medidas de carácter organizativo:

- Protección colectiva.
- Protección personal.
- Trabajador especialmente vulnerable y nivel de riesgo, de estudio y manejo de casos y contactos ocurridos en la empresa y de colaboración en la gestión de la incapacidad temporal.

Están llamados a cooperar con las autoridades sanitarias en la detección precoz de todos los casos compatibles con COVID-19 y sus contactos, y en la reincorporación de las personas vacunadas. La detección precoz de todos los casos compatibles con COVID-19 es uno los puntos clave para controlar la transmisión. La realización de Pruebas Diagnósticas de Infección Activa por SARS-CoV-2 (de ahora en adelante PDIA) debe estar dirigida fundamentalmente a la detección precoz de los casos con capacidad de transmisión, priorizándose esta utilización frente a otras estrategias. En estos momentos, esta actividad es especialmente importante debido a la circulación de las nuevas variantes del virus.

Corresponde a las empresas evaluar el riesgo de exposición en que se pueden encontrar las personas trabajadoras en cada una de la tareas diferenciadas que realizan y seguir las recomendaciones que sobre el particular emita el servicio de prevención, siguiendo las pautas y recomendaciones formuladas por las autoridades sanitarias. Es imprescindible reforzar las medidas de higiene personal en todos los ámbitos de trabajo y frente a cualquier escenario de exposición. Para ello se facilitarán los medios necesarios para que las personas trabajadoras puedan asearse adecuadamente siguiendo estas recomendaciones. En particular, se destacan las siguientes medidas:

- La higiene de manos es una medida importante de prevención y control de la infección.
- Etiqueta respiratoria: o Toser y estornudar dentro de la mascarilla y/o cubrirse la nariz y la boca con un pañuelo, y desecharlo a un cubo de basura con bolsa interior, realizando higiene de manos posterior.
- Evitar tocarse los ojos, la nariz o la boca. o Practicar buenos hábitos de higiene respiratoria.
- Usar mascarilla adecuada a la actividad que se realiza.
- Mantener distanciamiento físico de al menos 1,5 metros. Cualquier medida de protección debe garantizar que proteja adecuadamente al personal trabajador de aquellos riesgos para su salud o su seguridad que no puedan evitarse o limitarse suficientemente mediante la adopción de medidas organizativas, medidas técnicas y, medidas de protección individual. Todas las medidas anteriores se podrán adoptar simultáneamente si las condiciones de trabajo así lo requieren.

La información y la formación son fundamentales para poder implantar medidas organizativas, de higiene y técnicas entre el personal trabajador en una circunstancia tan particular como la actual. Se debe garantizar que todo el personal cuenta con una información y formación específica y actualizada sobre las medidas específicas que se implanten. Se potenciará el uso de carteles y señalización que fomente las medidas de higiene y prevención. Se deberá tener en cuenta el idioma de las y los trabajadores en la transmisión de la información, tanto en la oral como en la escrita. Es importante subrayar la importancia de ir adaptando la información y la formación en función de las medidas que vaya actualizando el Ministerio de Sanidad, para lo cual se requiere un seguimiento continuo de las mismas.

Además de la higiene personal, se pondrán los medios necesarios para garantizar la higiene de los lugares de trabajo, que deberá intensificarse en relación con la práctica habitual. Debe asegurarse una correcta ventilación de los lugares de trabajo y espacios interiores. Las políticas de limpieza y desinfección de lugares y equipos de trabajo, son importantes medidas preventivas. Es crucial asegurar una correcta limpieza de las superficies y de los espacios, tratando de que se realice limpieza diaria de todas las superficies, haciendo hincapié en aquellas de contacto frecuente como pomos de puertas, barandillas, botones etc., así como promover la responsabilidad individual en la limpieza de los equipos de trabajo que puedan ser compartidos por distinto personal en un momento determinado, teclados, teléfonos, etc., tanto si es del mismo turno como si es de turnos diferentes.

Se prestará especial atención a la protección del personal trabajador que realice las tareas de limpieza. La evidencia actual indica que las diferentes vacunas disponibles contra la COVID-19 son eficaces para reducir la infección sintomática y asintomática, la enfermedad leve, moderada y grave, y la mortalidad. Se sabe que la inmunidad generada por las mismas no impide de forma completa la replicación del virus en la mucosa de las vías respiratorias superiores del sujeto vacunado y la eficacia de las vacunas no llega al 100%. Esta realidad, junto con la cobertura de vacunación y la situación epidemiológica actual, permiten plantear algunos cambios en la actuación de los servicios de prevención, aunque es necesario seguir manteniendo las medidas de prevención y protección recogidas en este Procedimiento

LA PREVENCIÓN EN EL CAMPO SANITARIO

El personal sanitario como un **sujeto activo** de la política preventiva de las instituciones sanitarias, de forma tal que se trata de evitar el daño que para la salud de los usuarios pudiera derivarse de su exposición a determinados tipos de tratamiento.

El personal sanitario como **sujeto pasivo** de dicha política, en cuanto el personal sanitario como trabajadores del sector sanitario son destinatarios directos de las medidas de prevención.

Un adecuado y eficaz planteamiento en materia de **prevención de riesgos laborales** no sólo puede producir unas consecuencias positivas cara a los trabajadores del sector sanitario, sino que también puede neutralizar o, cuanto menos, disminuir determinados riesgos provenientes del medio sanitario que pueden afectar a los pacientes y, en su caso, a sus familiares.

Tradicionalmente se ha estudiado el problema de las condiciones de trabajo del personal sanitario desde la segunda perspectiva, poniendo el acento en la seguridad del paciente, olvidándose en muchas ocasiones que los trabajadores del ámbito sanitario, bien ejerzan su actividad en el ámbito público, como privado, constituyen sujetos a proteger de conformidad con la normativa general de prevención de riesgos laborales.

Hasta la publicación de la LPRL en el año 1995, de aplicación en las Administraciones Públicas, cuando se pone en marcha la creación de los Servicios de Prevención de Riesgos Laborales (SPRL) en los hospitales públicos, generando un cambio en el concepto de la prevención, que no debe enfocarse exclusivamente en la protección del paciente, sino que, además, debe velar por la salud y seguridad de nuestros trabajadores".

El artículo 40.2 de la CE, consagra dentro de los **"Principios rectores de la política social y económica"**, la obligación de los poderes públicos de velar por la Seguridad e Higiene en el trabajo, mandato constitucional que conlleva la necesidad de desarrollar una política de protección de la salud de los trabajadores mediante la prevención de los riesgos derivados de su trabajo.

La política de protección de la seguridad y salud de los trabajadores, sólo se aplicaba al personal laboral que prestaba servicios por cuenta ajena, de forma tal que el Estatuto de los Trabajadores, incluía dentro de los "Derechos laborales básicos", recogidos en el artículo 4, el **derecho del trabajador** "

Consecuentemente gran parte de los trabajadores de este país, los que prestaban servicios para las administraciones públicas quedaban fuera de esta protección, singularmente, en lo que ahora nos interesa el personal sanitario.

La situación va a dar un giro radical, cuando fruto de la necesidad de transponer al derecho interno la normativa comunitaria, esencialmente la denominada Directiva marco en materia de seguridad y Salud Laboral, se promulgó en nuestro país la Ley 31/1995, de 8 de noviembre de 1995, que constituye el texto básico y fundamental en esta materia.

Teniendo en cuenta la naturaleza jurídica y el sujeto que asume la condición de empresario en un importante número de casos cuando nos referimos al personal sanitario, la primera y principal novedad que introduce la Ley de 1995 es la universalización del sistema de prevención de riesgos laborales. La Ley de prevención amplía de forma significativa su ámbito de aplicación, siendo de destacar en este sentido su vigencia dentro del campo de las Administraciones Públicas y más concretamente en la Administración sanitaria.

Según el art. 3 de la Ley de prevención, modificada por la Ley 31/2006:

"Esta Ley y sus normas de desarrollo serán de aplicación tanto en el ámbito de las relaciones laborales reguladas en el texto refundido de la Ley del Estatuto de los Trabajadores, como en el de las relaciones de carácter administrativo o estatutario del personal al servicio de las Administraciones Públicas, con las peculiaridades que, en este caso, se contemplan en la presente Ley o en sus normas de desarrollo."

La normativa en materia de prevención de riesgos es de plena aplicación al personal sanitario, siendo de destacar que no existe una regulación específica para este sector, como ocurre por ejemplo con la construcción, por lo que resulta de aplicación la normativa general, sin perjuicio de la necesidad de realizar un esfuerzo para su aplicación, tomando en consideración las características propias de las profesiones sanitarias.

No existe en España una regulación específica de la prevención de riesgos dirigida al campo sanitario, por lo que va a ser preciso realizar una labor de adaptación de la normativa general a las concretas circunstancias concurrentes en ese ámbito. Existen, no obstante, una serie de normas que, aunque no pertenecen al campo de la prevención de riesgos, si contienen principios generales en esta materia referidos al personal sanitario.

Ley 55/2003, de 16 de diciembre, del Estatuto Marco del personal estatutario de los servicios de salud, con carácter general considera un derecho de los trabajadores recibir una protección eficaz en materia de seguridad y salud en el trabajo y de forma más concreta, en el art. 18 al regular los derechos colectivo, recoge el derecho " a disponer de servicio de prevención y de órganos representativos en materia de seguridad laboral." estableciendo como contrapartida en el art. 19 el deber de cumplir las normas relativas a la seguridad y salud en el trabajo.

LAS OBLIGACIONES EN MATERIA PREVENTIVA

La prevención de riesgos laborales viene configurada en nuestra legislación como una verdadera obligación del empresario y un correlativo derecho de los trabajadores.

El art. 14.1 establece que "Los trabajadores tienen derecho a una protección eficaz en materia de seguridad y salud en el trabajo. El citado derecho supone la existencia de un correlativo deber del empresario de protección de los trabajadores frente a los riesgos laborales. Este deber de protección constituye, igualmente, un deber de las Administraciones públicas respecto del personal a su servicio."

El art. 14.2 de la Ley de Prevención de Riesgos laborales, viene obligado a desarrollar un seguimiento permanente de la actividad preventiva con el fin de perfeccionarla de una manera continua y de mantenerla adaptada a las modificaciones que puedan experimentar las circunstancias que incidan en la realización del trabajo, evitando de esta manera la obsolescencia técnica o normativa.

La prevención no es una realidad estática, sino dinámica que exige de la Administración sanitaria, una permanente adaptación a los cambios o modificaciones en las condiciones de trabajo y a los nuevos riesgos que puedan surgir, singularmente cuando estos riesgos alcanzan las proporciones excepcionales que los profesionales sanitarios están sufriendo en el momento presente.

La protección del trabajador frente a los riesgos laborales exige una actuación de la administración sanitaria que hace necesaria la existencia de una previa planificación de la prevención, la evaluación inicial de los riesgos inherentes al trabajo y su actualización periódica a medida que se alteren las circunstancias, la ordenación de un conjunto coherente y globalizador de medidas de acción preventiva adecuadas a la naturaleza de los riesgos detectados y el control de la efectividad de dichas medidas, política preventiva, cuya naturaleza a todas luces insuficiente a tenor de los acontecimientos y que pese a que pudieran justificarse en la excepcionalidad de la pandemia, no puede sino hacernos reflexionar para mejorar en el futuro.

La plasmación de este carácter planificado, coherente y global de toda política preventiva, se encuentra en los principios de la acción preventiva que la Ley recoge en su art. 15, algunos de los cuales, resultan de ineludible exigencia en estos momentos, tales como, evitar los riesgos, combatir los riesgos en su origen, sustituir lo peligroso por lo que entrañe poco o ningún peligro, planificar la prevención o adoptar medidas que antepongan la protección colectiva a la individual.

Para el cumplimiento de la política preventiva resulta fundamental el derecho de formación de los trabajadores.

El artículo 12 del R.D. 664/1997, al referirse a la "Información y formación a los trabajadores", en relación con los riesgos biológicos establece que:

"Sin perjuicio del artículo 18 de la Ley de Prevención de Riesgos Laborales, el empresario adoptará las medidas adecuadas para que los trabajadores y los representantes de los trabajadores sean informados sobre cualquier medida relativa a la seguridad y la salud que se adopte en cumplimiento del presente Real Decreto."

"Protección de los trabajadores con riesgo de exposición al nuevo coronavirus (covid-19)" de 21 de febrero de 2020, establece que "Cualquier medida de protección debe garantizar que proteja adecuadamente al trabajador de aquellos riesgos para su salud o su seguridad que no puedan evitarse o limitarse suficientemente mediante la utilización de medios de protección colectiva o la adopción de medidas de organización del trabajo. La información y la formación son fundamentales en la protección de las personas en contacto con casos en investigación o confirmados. Hay que tener presente que la dimensión de la protección va más allá del trabajador e incluye al resto de las personas susceptibles de contacto directo o indirecto con el paciente. Los niveles y medidas de protección que se establezcan deben ajustarse y aplicarse en función de la naturaleza de las actividades, la evaluación del riesgo para los trabajadores y las características del agente biológico".

Exigencias Esenciales (Real Decreto 1407/1992) vs Normas

Una vez que el equipo es seguro (cumple con las EESS) y se tiene la adecuada evidencia de ello (ha superado los correspondientes procedimientos de evaluación de la conformidad), el fabricante afirma el cumplimiento con el Real Decreto 1407/1992 y el usuario, por tanto, puede saberlo mediante:

1. El marcado CE de conformidad. Este marcado indica la conformidad del producto con la legislación aplicable. Es el resultado visible de todo un proceso que comprende la evaluación de la conformidad en sentido amplio.

Los diferentes elementos de la marca "CE" deberán tener una dimensión vertical apreciablemente igual y no inferior a 5 mm. Este marcado permanecerá colocado en cada uno de los EPI fabricados de manera visible, legible e indeleble, durante el período de duración previsible o de vida útil del equipo; no obstante, si ello no fuera posible debido a las características del producto, el marcado CE se colocará en el embalaje.

2. La Declaración de Conformidad, mediante la cual el fabricante declara que su producto cumple con los requisitos aplicables y asume plena responsabilidad al respecto.

Existe una EESS aplicable a todos los EPI y es la que establece la obligatoriedad de suministrar un folleto informativo con un contenido mínimo con cada equipo que se comercialice. Un buen folleto informativo suministrado por el fabricante con el EPI es fundamental para conocer qué equipo tenemos, para qué se ha diseñado/fabricado, qué propiedades de protección ofrece, cómo debe usarse, que limitaciones tiene cómo debe cuidarse y mantenerse así como cualquier otra advertencia o recomendación importante para garantizar la adecuada protección y el uso seguro. Para EPI comercializados en España, el folleto estará redactado, al menos, en castellano, de forma precisa y comprensible, incluyendo como mínimo información útil sobre los siguientes aspectos:

a) Instrucciones de almacenamiento, uso, limpieza, mantenimiento, revisión y desinfección. Los productos de limpieza, mantenimiento o desinfección aconsejados por el fabricante no deberán tener, en sus condiciones de utilización, ningún efecto nocivo ni en los EPI ni en el usuario.

b) Rendimientos alcanzados en los exámenes técnicos dirigidos a la verificación de los grados o clases de protección de los EPI.

c) Accesorios que se puedan utilizar en los EPI y características de las piezas de repuesto adecuadas.

d) Clases de protección adecuadas a los diferentes niveles de riesgo y límites de uso correspondientes.

e) Fecha o plazo de caducidad de los EPI o de alguno de sus componentes.

f) Tipo de embalaje adecuado para transportar los EPI.

g) Explicación de las marcas, si las hubiere.

h) Cuando se trate de un EPI objeto de directivas referentes a otros aspectos en las que se disponga la colocación del marcado CE, información relativa a que, en este caso, el marcado CE indica que dichos EPI cumplen también con esas otras disposiciones.

i) nombre, dirección y número de identificación de los organismos de control notificados que intervienen en la fase de diseño de los EPI.

Esta información mínima es habitualmente completada con requisitos que aparecen en normas técnicas armonizadas para equipos específicos. En todo caso no se debe adquirir ningún EPI que no cumpla las anteriores condiciones relativas al marcado CE y folleto informativo.

EPI hechos a medida para un usuario En el caso de que sea necesario adaptar un EPI a un usuario particular con alguna discapacidad física .

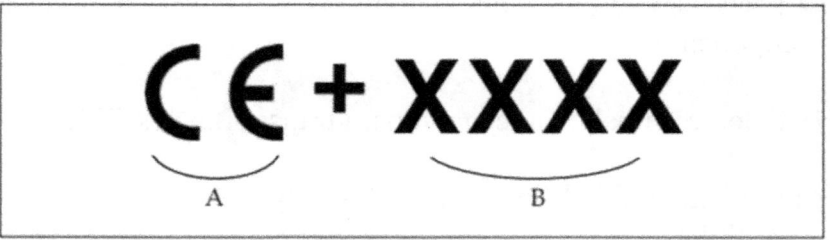

A = En el caso de los EPI de categorías I y II
A + B = Solo para los EPI de categoría III
B = Código de cuatro dígitos identificativos, en el ámbito de la UE, del Organismo Notificado que lleva a cabo el *Control de los EPI fabricados*.

LA REGULACIÓN PREVENTIVA DE APLICACIÓN ESPECÍFICA EN EL ÁMBITO SANITARIO

En todos los estudios sobre la prevención de riesgos del personal sanitario, se realiza una referencia al riesgo biológico, porque supone uno de los riesgos más frecuentes en este sector.

Conviene tener en cuenta que el biológico es, el más frecuente y preocupante de los riesgos que afectan a los trabajadores de la salud, por lo que resulta de prioritaria observancia la normativa general sobre los riesgos biológicos que se contiene en el RD 664/1997, de 12 de mayo, y en la Directiva 2000/54/CE.

Los déficits más preocupantes se están acreditando en lo relativo a la dotación de los equipos de protección individual, cuya regulación se contiene en el RD 773/1997, 30 de mayo.

El apartado h del artículo 15 de la LPRL , principios de la acción preventiva , especifica que, dentro de las medidas a realizar respecto a la prevención de riesgos, hay que adoptar medidas que antepongan la protección colectiva a la individual.

Se entiende por protección colectiva aquella técnica de seguridad cuyo objetivo es la protección simultánea de varios trabajadores expuestos a un determinado riesgo. Independientemente de las medidas de naturaleza colectiva, el art. 17, establece que el empresario proporcionará a los trabajadores los EPIS adecuados al desempeño de sus funciones y velará por el uso efectivo de los mismos.

Los **equipos de protección individual (EPI)** son elementos, llevados o sujetados por la persona, que tienen la función de protegerla contra riesgos específicos del trabajo. Cascos, tapones para los oídos, gafas o pantallas faciales, mascarillas respiratorias, cremas barrera, guantes o ropa de protección, calzado de seguridad o equipos anti caída, son equipos de protección individual (RD 773/1997, art. 2.1).

No tienen la consideración de EPI: la ropa de trabajo corriente y los uniformes que no sean de protección, los equipos de socorro y salvamento, los aparatos de detección de riesgos ni los equipos de protección individual de policías y servicios de mantenimiento del orden. Tampoco se consideran legalmente como EPI los medios de protección en vehículos de transporte (por ejemplo, cinturones de seguridad de automóviles) y el material de deporte o de autodefensa (RD 773/1997, art. 2.29).

Los EPI deben utilizarse cuando los riesgos no se pueden evitar o no pueden limitarse suficientemente mediante técnicas de protección colectiva o introduciendo cambios en la organización del trabajo (RD 773/1997, art. 4) y más concretamente se justifica cuando:

a) Es imposible eliminar el riesgo.

b) Es imposible instalar una protección colectiva eficaz.

c) Existe un riesgo residual tras haber instalado la protección colectiva.

El documento "Protección de los trabajadores con riesgo de exposición al nuevo coronavirus (covid-19)" de 21 de febrero de 2020, recoge una pormenorizada regulación de los equipos de protección individual.

En el citado documento y en el "Procedimiento de actuación para los servicios de prevención de riesgos laborales frente a la exposición al nuevo Coronavirus (SARS-Cov-2)", se distinguen varias situaciones de **riesgo biológico laboral**, a fin de establecer un ranking de protecciones, priorizando las prestaciones de servicios con:

(1º) Exposición de riesgo en relación con otras situaciones de……

(2º) exposición de bajo riesgo (situaciones laborales en las que la relación que se pueda tener con un caso probable o confirmado no incluye contacto estrecho) y, respecto de las situaciones de…..

(3º) baja probabilidad de exposición (personas trabajadoras que no tienen atención directa al público o, se produce a más de 2 metros de distancia, o disponen de medidas de protección colectiva que eviten el contacto –mamparas, etc).

LA ACTUACIÓN EN LOS SUPUESTOS DE RIESGO GRAVE E INMINENTE

Independientemente de actuaciones de puesta en conocimiento de los delegados y servicios de prevención o, incluso, de la propia Inspección de Trabajo, para los casos más graves el artículo 19.5 ET recoge dos situaciones distintas y para cada una de ellas establece un procedimiento de actuación diferente.

- En primer lugar, se refiere a situaciones donde exista una probabilidad seria y grave de accidente por la inobservancia de la legislación aplicable en la materia.
- En segundo término, alude a supuestos de riesgo grave e inminente.

Por lo que se refiere a la primera de las cuestiones, los **Delegados de Prevención representantes especializados en la materia** y, en su defecto, los representantes legales de los trabajadores (Comité de Empresa o Delegados de Personal) ejercen una labor de vigilancia y control sobre el cumplimiento de la normativa de prevención de riesgos laborales [artículo 36.1.d) LPRL] y, en el marco de esta competencia, pueden requerir a la empresa que adopte las medidas preventivas necesarias.

Si el empresario no responde en la forma adecuada al requerimiento, dichos representantes pueden denunciar este hecho. El artículo 40.1 LPRL se refiere al acto de denuncia ante la Inspección de Trabajo de irregularidades o incumplimientos en materia de prevención de riesgos laborales. Si bien la acción de denuncia de los incumplimientos de la legislación de orden social es pública (artículo 13.2, Ley 42/1997, de 14 de noviembre, Ordenadora de la Inspección de Trabajo y Seguridad Social, en adelante LOITSS), el artículo 40 LPRL se refiere expresamente a los «trabajadores y sus representantes» como sujetos legitimados para denunciar. Cuando el precepto utiliza el término «representantes» no sólo se refiere a los representantes especializados (Delegados de Prevención) sino también a los representantes unitarios y los sindicales.

La denuncia debe reunir determinados requisitos que se concretan en el artículo 9 Real Decreto 928/1998, de 14 de mayo, que aprueba el Reglamento sobre procedimiento para la imposición de sanciones por infracciones en el orden social y para la extensión de Actas de Liquidación de cuotas de Seguridad Social.

El artículo 44 LPRL señala que cuando el **Inspector de Trabajo y Seguridad Social** compruebe que la inobservancia de la normativa sobre prevención de riesgos laborales implica, a su juicio, un riesgo grave e inminente para la seguridad y salud de los trabajadores podrá ordenar la paralización inmediata de tales trabajos o tareas (en el mismo artículo 44 se establece el procedimiento a seguir en estas actuaciones).

El segundo de los párrafos del artículo 19.5 LPRL se refiere a la medida de paralización de la actividad en situación de riesgo grave e inminente. La paralización de trabajos, acordada por los trabajadores o por sus representantes en caso de riesgo grave e inminente, es una medida de carácter excepcional en la que prima el carácter cautelar y preventivo. Lo que se persigue con la orden de paralización no es tanto la exigencia de una responsabilidad por la comisión de una infracción, sino preservar la integridad física, la salud o la vida de los trabajadores de la manera más urgente y eficaz posible, haciendo cesar de modo inmediato la causa de exposición al riesgo.

El artículo 4.4 LPRL define el «riesgo laboral grave e inminente» de la siguiente manera: «... aquel que resulte probable racionalmente que se materialice en un futuro inmediato y pueda suponer un daño grave para la salud de los trabajadores». Que sea grave implica que existan unas probabilidades altas de que el accidente o la enfermedad ocurra y que se derive de él una grave lesión para los trabajadores, e inminente implica que el riesgo constituya una amenaza temporal para el trabajador expuesto cuya materialización se muestra inmediata o próxima. Para que se produzca un riesgo grave e inminente, no sólo se tiene que dar un incumplimiento de la normativa de prevención de riesgos laborales, sino que han de concurrir además las dos circunstancias siguientes:

1) Como consecuencia del incumplimiento empresarial de la normativa de prevención, se haya creado una situación de riesgo de la que se pueda derivar, en condiciones normales de realización del trabajo o tarea, una lesión para el trabajador, de modo que la no producción del accidente se deba al azar, a la pericia del trabajador u otras causas análogas.

2) Que existan probabilidades altas de que, en las circunstancias anteriores, la lesión que se pueda producir haya de ser calificada como grave para la salud o integridad física del trabajador o trabajadores expuestos.

Los trabajos con exposición a agentes biológicos, pues el párrafo segundo del artículo 4.4 LPRL, de Prevención de Riesgos Laborales, puntualiza que «En el caso de exposición a agentes susceptibles de causar daños graves a la salud de los trabajadores, se considerará que existe un riesgo grave e inminente cuando sea probable racionalmente que se materialice en un futuro inmediato una exposición a dichos agentes de la que puedan derivarse daños graves para la salud, aun cuando éstos no se manifiesten de forma inmediata».

Este doble tipo de reacciones son de aplicación en el ámbito sanitario, sin embargo, no podemos olvidar que estamos ante un entorno, en el que siempre hay un tercero implicado, el propio paciente que se verá perjudicado precisamente por la acción que pretende generar protección al trabajador: la paralización de la actividad que se llevaba a cabo. En esta situación ya no es tan fácil determinar qué hacer, en especial cuando consideramos que estamos en una institución que se dedica y cuyo objetivo fundamental es cuidar de la salud del tercero implicado. Es imprescindible garantizar la continuidad asistencial, en especial cuando se trata de situaciones críticas.

El profesional, salvo raras excepciones siempre suele optar por continuar la actividad a pesar incluso de su propia seguridad, dado que se considera responsable de la propia seguridad del paciente. Esto no quiere decir que no deban aplicarse las medidas indicadas en la ley de prevención de riesgos laborales, sino que en la aplicación de dichas medidas deberá sopesarse siempre la generación posibles daños a un tercero implicado, que paralelamente deberán ser evitados, por lo que deberá siempre tratarse este apartado con un muy especial cuidado.

EL PROBLEMA DE LA DETERMINACIÓN DE LA COMPETENCIA JURISDICCIONAL PARA LA EXIGENCIA DE MEDIDAS DE PREVENCIÓN EN EL ÁMBITO SANITARIO

La responsable labor que está llevando a cabo el personal sanitario en la crisis del coronavirus, no ha sido óbice para que las organizaciones sindicales, hayan ejercido su legítimo derecho de exigir a las Administraciones competentes, la dotación y puesta en marcha de las medidas de prevención adecuadas, siendo de destacar, desde la perspectiva jurídica, la falta de homogeneidad en la respuesta en lo atinente a dos aspectos fundamentales, de un lado, la determinación de la jurisdicción competente para su enjuiciamiento y de otro la respuesta a la cuestión de fondo.

Según el art. 2 de nuestra Ley Reguladora de la Jurisdicción Social " Los órganos jurisdiccionales del orden social, por aplicación de lo establecido en el artículo anterior, conocerán de las cuestiones litigiosas que se promuevan:

Para garantizar el cumplimiento de las obligaciones legales y convencionales en materia de prevención de riesgos laborales, tanto frente al empresario como frente a otros sujetos obligados legal o convencionalmente, así como para conocer de la impugnación de las actuaciones de las Administraciones públicas en dicha materia respecto de todos sus empleados, bien sean éstos funcionarios, personal estatutario de los servicios de salud o personal laboral, que podrán ejercer sus acciones, a estos fines, en igualdad de condiciones con los trabajadores por cuenta ajena, incluida la reclamación de responsabilidad derivada de los daños sufridos como consecuencia del incumplimiento de la normativa de prevención de riesgos laborales que forma parte de la relación funcionarial, estatutaria o laboral; y siempre sin perjuicio de las competencias plenas de la Inspección de Trabajo y Seguridad Social en el ejercicio de sus funciones".

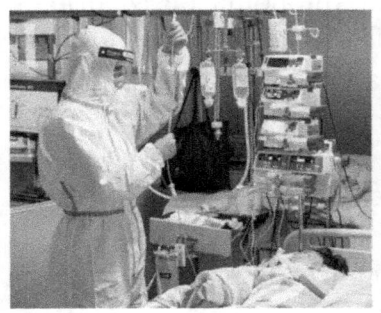
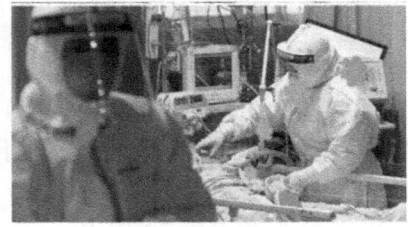

LA AUSENCIA DE HOMOGENEIDAD EN LA RESPUESTA JUDICIAL

El Auto dictado por el Juzgado de lo Social nº 31 de Madrid, de 25 de marzo de 2020, admite y estima la medida solicitada, señalando que "Atendida dicha situación de urgencia sanitaria, no cabe duda de que en el caso presente concurren los dos requisitos legales necesarios para entrar a conocer sobre las medidas cautelarísimas solicitadas. De una parte, el fumus boni iuris se acredita de modo suficiente porque las medidas preventivas requeridas son las necesarias para que los profesionales sanitarios puedan realizar su trabajo en las mínimas condiciones de seguridad. Y de otra parte, la situación de urgencia se acredita por la pandemia derivada del virus COVID-19 que está sufriendo todo el país, y en concreto la Comunidad Autónoma de Madrid, y que requiere la actuación urgente de todo el profesional médico y sanitario posible para atender a los enfermos y evitar su mayor propagación.

Dichas medidas de seguridad vienen exigidas legalmente por los artículos 4,2,d) y 19 del ET, conforme a los cuales el empresario asume un deber de seguridad frente a quienes trabajan a su servicio; los artículos 14 y 15 de la ley 31/1995 de Prevención de Riesgos Laborales, que establecen el derecho de los trabajadores a su protección frente a los riesgos laborales; y el art. 3 del RD 486/1997 por el que el empresario debe adoptar las medidas necesarias para que la utilización de los lugares de trabajo no origine riesgos para la seguridad y salud de los trabajadores.

Respecto a los equipos de protección de los trabajadores resulta de aplicación el Real Decreto 773/1997, de 30 de mayo, sobre disposiciones mínimas de seguridad y salud relativas a la utilización por los trabajadores de equipos de protección individual; y en cuanto al personal sanitario el documento denominado "Procedimiento de actuación para los servicios de prevención de riesgos laborales frente a la exposición al nuevo coronavirus (SARS-COV-2)" elaborado por el Ministerio de sanidad en fecha 5 de marzo de 2020, que establece los requisitos que son exigibles a los EPis del personal sanitario, como: mascarillas, guantes, ropa, protección ocular y ropa, así como normas sobre almacenamiento y desecho.

La obligación legal de proteger a los trabajadores por parte de la empresa o administración empleadora, implica también la obligación de dotarles de los medios preventivos necesarios para que realicen su trabajo en las mínimas condiciones de seguridad. En ese sentido, la sentencia del Tribunal Supremo de 24 de enero de 2012 vino a dictaminar que: "la conducta omisiva de la empresa supuso una elevación o incremento del riesgo de daño para el bien jurídico protegido por la norma, en este caso la salud de los trabajadores, elevando sustancialmente las probabilidades de acaecimiento del suceso dañoso, como aquí ha ocurrido.... ante la certeza o máxima probabilidad que de haberse cumplido las prescripciones de seguridad exigibles el resultado no hubiese llegado a producirse en todo o en parte...".

PRINCIPALES RIESGOS EN LAS INSTITUCIONES SANITARIAS Y SUS MEDIDAS BÁSICAS DE PREVENCIÓN

Definir **qué se entiende por riesgos de trabajo** del personal de salud.

Son las condiciones de peligro o vulnerabilidad que ponen en riesgo la vida de los trabajadores de salud, por condiciones inseguras de trabajo en las instituciones sanitarias. Es importante considerar que la carga de trabajo y el estrés ocupacional son factores que aumentan las probabilidades de producirse accidentes y errores.

Los principales riesgos en las instituciones sanitarias que aparecen con mayor regularidad son de tres tipos en función de su origen:

1. **Riesgos por accidente** que tienen que ver por el estado material de la construcción de la institución tanto de su diseño como de su instalación y mantenimiento.
2. **Riesgos por fatiga.**

3. **Riesgos por enfermedad de la profesión**, biológicos, por actividades, instalaciones y equipos propios del sector sanitario.

Riesgos por accidente en las instituciones sanitarias

Los riesgos por accidente son riesgos **propios de todo lugar de trabajo**. Hay que tener en cuenta que gran parte de la actividad sanitaria se realiza en edificios cerrados y normalmente tienen **cierta complejidad estructural, tanto en dimensiones como en distribución**. Los locales sanitarios, por ser parte del servicio a la sociedad, son lugares compartidos con el público (pacientes y familiares).

Algunos de los riesgos ligados al accidente en las instalaciones podrían ser **caídas a distinto nivel, caídas de objetos, accidentes de circulación, contactos eléctricos, contactos con agentes químicos** peligrosos en tareas de limpieza, iluminación inadecuada, condiciones termohigrométricas deficientes, incendio y explosión, entre otros, ó **riesgos por las actividades propias en las instituciones del ámbito de la salud**

En cuanto a los **riesgos por enfermedad** de la profesión es uno de los epígrafes más significativos. Nombramos algunos de los más comunes:

- Riesgos de **cortes** o **pinchazos** por instrumental clínico.
- **Sobreesfuerzos físicos** ocasionados por la manipulación de carros, camillas, objetos pesados, equipos clínicos y, sobre todo, por la movilización de personas con limitaciones físicas.
- El trabajo en horario nocturno, constituye un riesgo que puede provocar importantes alteraciones, haciendo al personal más vulnerable a **factores psicosociales**.
- **Contactos térmicos** originados por determinados equipos generadores de calor como por ejemplo: esterilizadores, muflas, estufas, baños termostáticos, etc. o por equipos generadores de frío como congeladores, contenedores de nitrógeno líquido, etc.
- Riesgo de exposición a **contaminantes químicos y biológicos**.
- Riesgo de **contacto con ultrasonidos** utilizados en determinados equipos, como por ejemplo cubas de limpieza de material quirúrgico o en equipos electromédicos de rehabilitación.
- Riesgo por **exposición a radiaciones** en servicios de radiología, radioinmunoanálisis, manipulación de radiofármacos, rehabilitación, etc.
- **Exposición a los aerosoles** generados en la combustión producida por el láser en determinadas tareas de servicios como cirugía, laboratorios, fisioterapia, etc.
- El **riesgo de transmisión está relacionado a la patología en la población atendida.** Es decir, si se

atiende una población con una alta prevalencia de hepatitis B o C o de VIH, mayor será el riesgo de contagiarse de dichas enfermedades.
- La posibilidad de **transmisión de enfermedades infecciosas**, como las enfermedades respiratorias.

Riesgos por fatiga

Este tipo de riesgo suele ser muy común en los trabajadores de salud, al adoptar **posturas forzadas o incorrectas durante espacios de tiempo prolongados** como trabajos de odontología, cirugía, realización de curas, administración de medicación, etc.

También como:

- **Fatiga física**, ocasionada por las posturas forzadas y sobreesfuerzos por el desarrollo de tareas como la preparación y administración de medicación, realización de curas, utilización de PVDs, etc.
- **Fatiga mental** originada por la exigencia de un trabajo con un alto grado de responsabilidad.
- **Estrés por la elevada demanda emocional** de determinados puestos de trabajo del sector sanitario.

MEDIDAS BÁSICAS DE PREVENCIÓN EN LAS INSTITUCIONES SANITARIAS

Para evitar accidentes en las instalaciones:

- Mantener un **buen nivel de orden y limpieza**, dejando los pasillos y áreas de trabajo libres de obstáculos.
- **Limpiar siempre cualquier producto derramado** accidentalmente. Prestar atención especial cuando el suelo haya sido tratado con productos deslizantes.
- Los **cables deben distribuirse de forma que queden fuera de las zonas de paso**. En caso contrario, deberán protegerse y/o fijar los cables en el suelo con tal de evitar tropiezos.
- **Evitar el uso de cajas, sillas, o mesas para acceder a zonas elevadas**. Te recomendamos utilizar elementos como banquetas, escaleras, etc. estables y adecuados a la altura a la que se quiere acceder.
- Dejar siempre **despejadas de obstáculos las zonas de paso**.

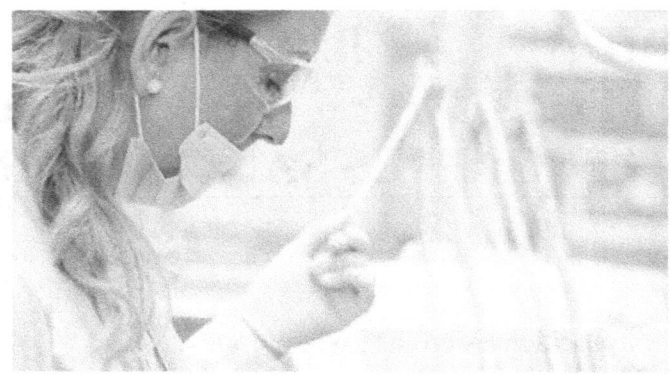

Para **evitar enfermedades y fatiga**:

- Tener cuidado y **vigilar las prácticas del personal sanitario**, médico, etc.
- **Cumplir y conocer las normas de las instituciones sanitarias** y de sanidad.
- Utilizar los EPI (equipos de protección individual) recomendados para cada puesto: guantes, gafas protectoras, batas…
- **Esterilización y desinfección** de equipos de superficie.
- Capacitación en relación a la bioseguridad.
- **Vacunación contra virus hepatitis B**, que tiene una eficacia de 95%.
- **Desecho de material cortopunzante** en un sitio correspondiente.
- **Evitar pasar el bisturí de mano a mano** durante la cirugía, sino usar un receptáculo intermediario.

- Tomar descansos moderadamente y **dormir con regularidad las horas recomendadas** por los expertos (8 horas diarias).

En las instituciones sanitarias es tan importante como en cualquier otro tipo de trabajo realizar una evaluación de riesgos periódica por parte de una empresa de prevención de riesgos laborales certificada, para garantizar la seguridad en el trabajo de los profesionales, que redundarán en unas mejores condiciones para los enfermos.

Los trabajadores de la asistencia sanitaria y social tienen la 4ª tasa más alta de problemas graves de salud relacionados con el trabajo

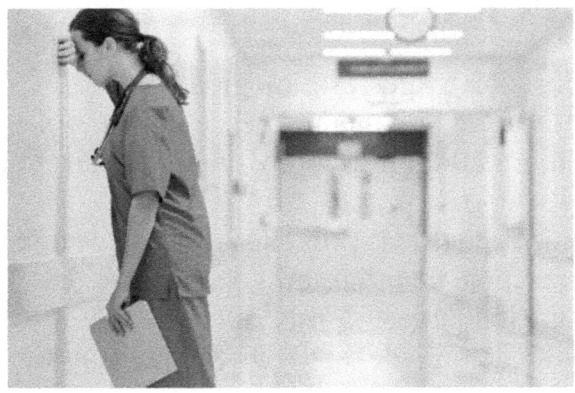

PRINCIPALES RIESGOS EN EL TRABAJO Y EN EL ENTORNO DE TRABAJO PARA LOS PROFESIONALES SANITARIOS

Los podemos resumir en los siguientes:

<u>Biológicos</u>

- Por patógenos transmitidos por la sangre y por el aire o por enfermedades transmitidas por contacto.

<u>Las causas:</u>

- Exposición a agentes biológicos.
- Contacto con agentes específicos, por ejemplo: pseudomonas, legionella, tuberculosis, hepatitis o VIH.
- Lesiones causadas por instrumental cortopunzante.
- Inexistencia de programas de vacunación.
- Saturación de los hospitales.
- Modificación de la Directiva sobre productos biocidas.

Químicos

- Por exposición a productos químicos utilizados en entornos sanitarios para diversos fines, como:
    - Tratamiento de pacientes (medicamentos y anestésicos),
    - Realización de trabajos de laboratorio
    - Limpieza, desinfección y esterilización de superficies e instrumental (limpiadores/desinfectantes).
- En algunas situaciones, los fármacos u otro tipo de medicamentos pueden tener consecuencias imprevistas para los trabajadores, que se exponen a ellos al preparar y administrar soluciones.
- También se exponen a los gases residuales liberados durante la anestesia o los tratamientos respiratorios mediante aerosoles.

Las causas:

- Contacto con productos químicos específicos, como medicamentos oncológicos y citostáticos, nanomateriales, desinfectantes, gases anestésicos y materiales radiactivos.
- Alergias.
- Asistencia domiciliaria.
- Falta de formación.

Físicos

- Ruido.
- Radiación (ionizante y no ionizante).
- Resbalones, tropezones y caídas

Las causas:

- Resbalones, tropezones y caídas.
- Seguridad de los equipos (análisis de fallos).
- Exposición específica a riesgos físicos, como los rayos X o la radiación.

Riesgos ergonómicos

- Levantar.
- Empujar.
- Posiciones forzadas.
- Movimientos repetitivos.
- Posturas prolongadas en posición vertical o sedente.

Las causas:

- Falta de formación.
- Mal diseño y equipos no disponibles o inadecuados.
- Tendencia a favor de la asistencia domiciliaria.
- Cargas de trabajo elevadas que aumentan el riesgo de trastornos musculoesqueléticos.

Riesgos psicosociales

- Horas de trabajo.
- Consumo de drogas.
- Exigencias emocionales.
- Factores relacionados con el estrés (y el agotamiento laboral).
- Violencia e intimidación.

Las causas:

- Las cargas de trabajo elevadas y la presión por los plazos producen estrés.
- Falta de control sobre el trabajo.
- Ambiente organizativo deficiente.
- Dificultades con el idioma, falta de horarios de trabajo óptimos.
- Tareas con fuerte carga emocional.
- Crisis económica.
- Trabajo en solitario.
- Violencia y acoso.
- Multitarea.

La exposición específica a riesgos físicos, como los rayos X o la radiación es uno de los riesgos más importantes del personal sanitario que realiza pruebas diagnósticas.

(Documentación recogida en distintas páginas oficiales, pudiendo haber algún error, dentro de la clara evidencia de los datos que queremos destacar)

BIBLIOGRAFÍA

- ELDERECHO.COM
- EUCA
- CANALES SECTORIALES (INTEREMPRESAS) PROTECCIÓN LABORAL
- INSST
- CANALES SECTORIALES , INTEREMPRESAS
- MINISTERIO DE SANIDAD, CONSUMO Y BIENESTAR SOCIAL CENTRO DE PUBLICACIONES
- MINISTERIO DE SANIDAD Versión 29-06-2021
- INSTITUTO NACIONAL DE LA SEGURIDAD Y HIGIENE EN EL TRABAJO

www.ingramcontent.com/pod-product-compliance
Lightning Source LLC
Chambersburg PA
CBHW072208170526
45158CB00004BB/1799